Om kærlighedens binding

Essay

Til min forglemmigej

Forlag: Books on Demand GmbH, København, DK
ISBN 978-87-7170-239-2

I menneskelivet kan kun grundfortællingen formidles. Begyndelsen husker vi ikke, og afslutningen skal fortælles af andre. Ligeledes kan vi kun gisne om historiens ur- og postfortælling, thi begge er sat uden for tiden. Af alle livets mysterier, som det ufatteligt store, golde og livsfjendske univers gemmer på, er livets mysterium det største mysterium at løse. Hvad var der før, vi blev til, og hvad følger efter døden?

Skæbnen viser sig i tilblivelsen af livet, som man ikke selv er herre over, og den enkeltes historiske tilknytning er dobbelt. Man er ufrivilligt født ind i historien, men på samme tid fri til at forme sin egen historie. Beretningen er bundet af historiens store og faste punkter. Blottet er den for dette og hint, som hører detaljen til, men som næppe kunne have ændret historiens gang. Historien er betinget af øjeblikket, hvor førsteårsagsigangsætteren indtræffer, hvorefter den stadige akkumulation får den historiske udvikling til at forme sig med stigende kompleksitet.

Mennesket er skabt af universet, men samtidig fremmed over for dets livsfjendske omgivelser, som livet og mennesket mod alle odds har trodset.

Naturen har på voldsomste vis kastet mennesket ind i verden med en rædsel, som er fortrængt. Livets alvorligste prøvelse er overkommet. Men veen og moderens skrig vil følge én indtil den dag, hvor man selv ved fødselslejet skal byde en lille ny velkommen. Fødslen er forløsningen af øjeblikket, hvor sæden og ægget mødtes. Før mødet var der intet, men i øjeblikket, hvor symbiosen indtræffer, igangsættes livet, og med moderens omsorg for barnet hun bærer og føder, gives verden den mest basale binding: kærlighedens.

I en søgen efter sandheden om livets oprindelse må tre muligheder tages op til overvejelse: Enten er livet forudsat, tilfældigt eller en fejltagelse. Fælles for alle tre er, at de forudsætter førsteårsagsigangsætteren, øjeblikket, som man ingen forudsætning har for at erkende, men som bestemmer forholdet mellem det værende og ikke-værende, livet og døden. Meningen med søgningen er ikke at finde universets absolutte orden, da søgningen er meningen i sig selv.

Det første forhold, der har potentiale til at bestemme vor tilblivelse, er livet som forudsat. Hvis det forholder sig sådan, er der en mening med vor tilstedeværelse, hvor universets langstrakte udvikling på et tidspunkt vil skabe livsbetingelser andre steder. Dog har man ikke været i stand til at finde liv andre steder i universet, men det kan ikke bortkaste antagelsen om, at livets oprindelse er forudsat, da vi kun er i stand til at se en lille flig af dette store mørke, som lyses op af et utælleligt antal sole.

Det andet forhold drejer sig om livets mulige tilfældighed, som gør vor eksistens skrøbelig. I tilfældighedernes vold har de rette betingelser været til stede på rette tid med en allestedsnærværende mulighed for, at livsbetingelserne pludseligt bortrives. Meningen med livet må da findes i menneskelivet, hvor det ikke alene er tilfældet, som råder.

For det tredje rummer livet også den tragiske mulighed, at vor eksistens er en fejltagelse. Vi er universets fjende, der qua evolutionen har fået mulighed for et indblik i universets dybe hemmelighed. Men hvis mennesket er en fejlfrembringelse, så er vi universets fjende, der måske vil møde destruktionen, når vi søger at åbenbare sandheden, som universet omklamrer med sit mørke.

Øjeblikket er det afgørende moment, der dels er sat uden for tiden og er nutiden, og sandheden må være det, som ikke er, men som er årsag til det, der er, og som indeholder kimen til sandhedens åbenbarelse, der afslører historiens førsteårsag, som på en og samme tid er sat uden for historien, mens den er historiens forudsætning. I øjeblikket er tiden nulstillet, og den kan ikke beregnes. Det er med den optik, at sandheden om altings væren skal ses. Men hvor efterlader det mennesket, der ikke kan erkende det, som ligger hinsides urtiden? Sandheden om livet ligger hinsides vor egen bevidsthed, som man hverken erindrer eller har indsigt i, og måske er der en indbygget mekanisme i bevidstheden, som lukker af for erkendelsen af det, som tilhører vor urtid. Selv den mindste tanke har del i den urtid, som eksisterer i fjerne egne af universet. Måske man skal skue indad og lede efter sandheden om altings væren i sit eget selv. I legemet kan man erkende denne sandhed, da hvert atom, som kroppen består af, også blev til ved universets skabelse. Tanken er ikke ny, men indfældet i universets historie.

Da man var barn og skuede opad en stjerneklar nat, syntes stjernerne som placeret og fastholdt i en bestemt orden. Lovmæssighederne bag deres indbyrdes stilling var man uvidende om, men konstellationen undrede allerede på livets tidlige stadie. Sært er det derfor at tænke, at de samme lovmæssigheder, som opretholder konstellationen på himmelhvælvingen, måske også opretholder livet.

Hvert enkelt menneske må bære sandheden i sig, og hvert enkelt menneske må have potentialet til at frembringe sandheden om altings væren, som ligger og slumrer uden for vor bevidsthed, hvilket betyder, at man må gå på opdagelse i menneskets urtid for at knække koden, da hukommelsen er indlejret i den hele organisme med DNA'et som vidnesbyrd. Men legemet er sansernes begrænsning, hvorfor stimuli må findes i den bevægelse, der er forudsat af det daimoniske. Dertil kræves dog, at idéen får fred og rum til at udfolde sig, thi tankeeksperimenter på spekulationens overdrev harmonerer dårligt med tidens trend, hvor man helst skal være hype på alle parametre. De tanker, som i frihed nedfældes, overlever i skrevet stand en menneskealder, hvis de frigøres, men livet kan føles som en spændetrøje, der holder tanken tilbage og indskrænker friheden. Hjernekapaciteten er ikke ubegrænset, hvilket både gælder kort- og langtidshukommelsen, der må ligge under for hverdagens trakasserier, som hæmmer den frie tankes udfoldelse, hvad enten det sker som poet eller i videnskabens tjeneste. Trælbunden til trivialiteten vil genialiteten aldrig udfolde sig. Genialiteten må have sin frihed til at udtale sandheden i et rum, hvor ekkoet bliver udsagnets bekræftelse, da kreativiteten forsvinder i det travle sind. Derfor vil genialiteten aldrig udfolde sig, hvis hjernens kapacitet er overbelastet af for mange bekymringer og stridbare tankemønstre, som fastholder den frie tanke i edderkoppens spind, og umuliggør den frie tankes fortælling. Evnen til kritisk tænkning er fornuftens mulighed og begrænsning på samme tid. Når der er fri passage til at erkende de presserende værensspørgsmål, er det samtidig fornuften, som får én til at tvivle. For at få tankerne til at strømme hurtigere fra hjernen til fingrene, må man frigøres fra fornuftens kontrollerende greb, så de frivole lidenskaber kan danse uhæmmet på tastaturet uden andet at bekymre sig om end ængstelsen for euforiens aftagende virkning. Feriens afslappethed vækker tankedybet, og kedsomheden bliver afstresningens klimaks, som ses i dagbogsoptegnelsernes kortere intervaller. Ganske løjerligt er det, når man pludselig bevidstgøres om, at man keder sig. Det fornemmes som noget godt, hjertet er roligt, man digter, og fantasien opruller den ene fantastiske fortælling efter den anden. Sjovt er det derfor at memorere barndommens kedsomme stunder, hvor kedsomheden føltes som en spændetrøje, der ikke ville give slip. Men kedsomheden må opsøges, hvis forhåbningen om at grave sig indad og nå idéens kerne skal opfyldes.

Alle objekter er i besiddelse af en arvemasse eller en idé, som ved kollisionens frembringelse af potentialet, kan transformeres til et fænomen. En kollision, hvor liv skabes, som den første kollision ved livets oprindelse samt menneskeslægtens utallige kollisioner gennem historien. I disse kollisioner skabes livet. Et liv, som skabes uden hensyn til ontologien, da naturens bidrag til menneskehedens historie er neutralt. Interessant er det, at ved enhver kollision, hvad enten det er et sammenstød mellem to tanker, biler, ægget og sædcellen eller snefnuggets møde med et andet fnug, så skaber kollisionen en energiudladning, der sammensmelter objekterne. Det befrugtede æg bliver til mennesket, træet til bordet, vandmolekylet til regnen osv. Kan man endog forestille sig, at Big Bang-teorien egentlig er en kollisionsteori, hvor to objekter kolliderer, og idéen om universet virkeliggøres? Tilbage står så spørgsmålet, hvilket andet objekt, der er tale om, og hvilket rum kollisionen er fundet sted i? Måske kan det forestilles, at dette rum er blevet tilintetgjort og opslugt af det nye univers i en ny udvidelsesproces. En udvidelsesproces, der er foranlediget af det gamle univers' kollaps, hvor afstanden til centrum efterhånden er blevet så stor, at tyngdekraftens ordnende funktion ikke længere kan opretholde balancen, hvorpå universet kollapser. I denne sammentrækning kolliderer det døende univers med et endnu ukendt objekt, og med et kraftfuldt rebound genstartes universets kredsløb på ny.

Alt det, der omkranser os, finder på forunderligste vis sit fælles ophav i den eksplosion, der fandt sted for 13,7 mia. år siden. Hvis man tager turen tilbage til tidens begyndelse, vil vi erfare, at nulpunktet er uden for vor rækkevidde, thi det er indlagt i øjeblikkets tidsdimension. Dog er et væsen i stand til at bryde med dette slægtskab. Med mennesket blev naturen pludselig kompliceret og dens orden truet. Naturlovene kan ikke sættes ud af kraft, så magtfuldt er mennesket dog ikke, men menneskets manipulation med de processer, som disse love har skabt, gør mennesket til historieskabende og ikke kun historielevende væsen. Men menneskets tilstedeværelse i tiden er end ikke en parentes i universets tid, og set i det perspektiv synes vort liv betydningsløst.

Mennesket er med sin frie vilje et autonomt væsen, der står i et afhængigheds- og uafhængighedsforhold til omgivelserne. Mennesket tærer af naturen for at opretholde livet, men kan vælge ikke at opretholde sit liv ved at fravige sin natur, og samtidig tilintetgøre sine omgivelser, selvom det leder til vor egen undergang. Dødeligheden er altid mennesket nærværende, og den minder os om den skrøbelighed, der indkapsler det liv, som kan bortrives ved hvert åndedrat. Dødeligheden gør livet sårbart.

Mennesket er kendetegnet ved, at det er det eneste væsen blandt altings væren, som ved, at hun er. Men spørgsmålet rangerende på erkendelsens umulighed er fortsat, *hvorfor*? Spørgsmålet *hvorfor* er tosidigt, hvorfor man er, og hvorfor man ved, man er? Menneskets lod er at spørge for at søge et svar på grundlaget for sin egen eksistens. Svaret er dog omsluttet af mørket. Det mørke univers og det mørke sind. Men der er altid et lys, som man drages af, hvilket bevidnes af stjernerne på himmelhvælvingen og i den andens øjne. I øjets mørke en stjerne funkler og universets eksistens synliggøres i hver enkelt af os, som solen, der rejser sig i morgengryet, indtil dag afløses af nat, og livscyklussen sluttes. Ja, sandt er det, at øjet er mørkt som det mørke, der omslutter vor Jord. Men i dets mørke findes der lys, som levendegør den mærkelige legende livet udspiller sig i. Med universet blev der skabt lys og liv, og med universet vil lyset slukkes og livet gå til grunde. Men

indtil dommens dag skal vi alle finde sprækken i
livet, som lukker lyset ind.

Man kan ikke komme udenom, at universet *er* én,
og at man bærer hemmeligheden om dets for- og
fremtidshistorie. Vor skæbne og universets skæbne
er beseglet af tilintetgørelsen, som venter forude.
Vejen til enden er kroget og kringlet, men den
følger dog sin egen kronologi på vej mod det
uundgåelige: døden. Det eneste i menneskelivet,
som er forudbestemt. Og ad livets vej man bevæ-
ger sig alene. Nok kan man slentre afsted med
kompagnoner og dermed dele nuets foruroligende
og forunderlige øjeblikke. Men bearbejdelsen og
erfaringsdannelsen er subjektiv, og den intensive-
res, efterhånden som erindringen strækkes ud. Med
tidens udstrækning vil det erfarede dog korrumpe-
res, da forhåbningen om gentagelsen manipulerer
med det rent faktisk oplevede.

Den, som er henlagt til hverdagens trivialiteter
uden skelen til det, som er usynligt for øjet, men
som eksisterer i tanken, lever livet i glæde, gri-
nende og nærværende omgivelser ganske uvidende
om eksistensens vilkår, da rytmen fra det trivielle
får én til at svinge med, modsat den, som er hen-

lagt til tankens løbskhed, og eksisterer i vidende alvorlighed, omend kontinuerligt spekulerende over tilværelsens presserende spørgsmål, som de udspiller sig i spektret mellem stjernetåger i fjerne galakser og atomerne i den enkeltes legeme. Men så længe man bærer kærligheden i sig, overstråles kundskabens lys af kærlighedens flamme, og kundskaben på godt og ondt er til at udholde. Fortællingen om kundskabens lys er dog ikke fortællingen om det ondes fremkomst i det gode, men fortællingen om bevidsthedens udvikling i retning af en erkendelse af det værendes forudsatte, tilfældige eller fejlagtige tilblivelse. Øjeblikket er sat uden for tiden, så det værendes afgørende moment er ikke-erkendeligt. Kun urtiden er inden for lysets rækkevidde. Men for den, som har set kundskabens lys på godt og ondt, er det ej muligt at synke tilbage i uvidenhedens mørke. Det er en vertikal rejse ind i uendeligheden, som bringer én stadigt nærmere lyset. Men altid kun nærmere. Aldrig helt. Vi kan grines og hånes af, men i fornedrelsens umiddelbare skue kan ingen tage erfaringen og erkendelsen fra den, som har set lyset. Bliver man da et lykkeligere menneske? Nej, det lykkelige livs forudsætning er en tilfredshed med livets beskaffenhed og en resignation over for livets trivialitet. Lykken er banal, da den fremstår i form af det simple og umiddelbare, der synes som hverdagens små trivialiteter. Men det banale er en måde at kapere den almægtige natur, som får mennesket til at synes ubetydeligt i forhold til sine fjendtlige omgivelser, hvilket afstedkommer, at menneskets eksistens bliver en søgen efter mening i meningsløsheden, og mennesket finder meningen i kærligheden.

Om kærligheden er der meget at mæle, da den er menneskets eksistensvilkår og hjertets herskerinde. Når øjne mødes første gang afslører de følelsernes bånd, og man bliver til i hinandens blik. Kærligheden er som solen, der smelter isen i hjertet. Men ak, bekendelsen er kærlighedens første erosion, hvor kærligheden langsomt driver væk på de kælvende isflager. Men det ænses ej i nuet, da det brændende bryst og længslen efter den anden, fortsat er present. Alle bliver vi ramt, da værenskærligheden er menneskets lod at bære. Som sirenerne sang for Odysseus, synger forelskelsen for én. Man er blændet og skal lade sig binde for ikke at lade sig forføre. Behageligt og ubehage-

ligt det føles, og man ønsker kun at give sig i
følelsernes vold. Men kærlighedens binding er
stærk, hvorfor smerten over fx at elske én anden,
som kunne være ens forglemmigej, bliver
kærlighedens byrde.

Forelskelsen opstår spontant, som sjælens or-
gasme, der med sin rus er det flammende bål, som
kortvarigt narkotiserer sindet, og paralyserer lege-
met med fare for, at legen med ilden fører til bræn-
dende pinsel. Kærligheden fremvokser af selvets
muld, hvor erindringens længselsfuldhed er mindet
om kærlighedens lyksalige stund. Fra hjertet er der
et uigenkaldeligt, bankende væld, hvorfra
kærligheden udspringer. Så længe kildevældet
strømmer, så længe vil dets omgivelser være pry-
det af frodighed, men med dens aftagen vil frodig-
hed afløses af ørken og livet gå tørken i møde,
mens der med erindringens mellemkomst tørstes
efter kærligheden. Den evige kærlighed findes
ikke, da kærligheden er betinget af menneskelivet.
Når adskillelsen indtræffer, hvad enten det er den
absolutte separation i form af døden eller en uover-
kommelig geografisk afstand, vil kærligheden syne
hen, da den andens næringskilde er borte, hvilket

umuliggør kærlighedens opretholdelse grundet fraværet af fysisk kærlighed. Men den dag, hvor kilden tørrer ud, vil erindringen dog kærligt minde én herom. Men som det er med kilder, ligeså er det med kærligheden, da omgivelserne er omskiftelige, hvilket kan få kilden til at rinde igen.

Det er nærliggende, at menneskets høje intelligens er et udslag af tilfældige mutationer i vore stamfædres hjerner, hvor sociale og klimatiske omstændigheder har påvirket menneskets udvikling. Men denne tese synes mærkelig at bruge på kærlighedsforholdet, som knytter sig til væren. Kærligheden udspringer af bevidstheden om eksistensen, og når kærligheden engang ophører, ophører menneskets eksistens. Den er vor eksistensbetingelse og universel for menneskelivet. Med menneskets korte parentes i universets historie vil værenskærligheden dø med menneskeslægtens sidste medlemmer. Den er til på vort vilkår og er det eneste vidnesbyrd om det sære væsen, der kan trodse naturens overherredømme.

Kærligheden til den elskede er værensbestemt, mens kærligheden til afkommet er naturgivent og ikke specifikt menneskelig, men alle dyrearter til

17

dels. Hvad kærligheden til én selv angår, så er den værensbestemt. At lære at elske sig selv, forlige sig med den man er, er et af tilværelsens vilkår. Således går det som oftest, at man må blive til i den andens lys. Man vokser og tør nærme sig selv. Man reagerer udadrettet for at blive til indadrettet. Kærlighedens bånd er indvortes, men bekræftelsen er udvortes, og øjne, som mødes, bekræfter følelsernes bånd. Men ak, forelskelsens bekendelse er dens første erosion, og med tiden vil kærligheden forvitre.

Den ubetingede kærlighed findes for alle et sted derude, og man skal turde vove sig selv i det ukendte. At rejse er at leve, som det lyder, og når vi lever, blomstrer kærligheden. Det skal man huske, når tusmørket nærmer sig. Man tærer af den opsparede næring, mens der ventes på genkomsten af kærlighedens gry.

Kærlighedsriget er den kærlighed, som udfoldes blandt mennesker. Den findes i den enkelte, og antændes af den anden. Kærlighedens blusel kan man erindre, nyde og længes efter, alt afhængigt af om den er fortids-, nutids- eller fremtidsbestemt. Uden kærlighed er livets værdi udslukt, og man

syner hen i ligegyldighedsrigets fortabelse. I
kærlighedens vold er man sårbar, da kærlighed
også er blottelse, som åbner for fornedrelsens dybe
stød. Hengivelsen er livets nektar, som får det
indre blusel til at flamme af glæde, indtil flammen
dølges af det mørke sind.

Hvorfor er man så bange for at miste? Man bliver
bange for, at man ikke elsker mere, og man er
bange for at elske. Den naturlige kærlighed er
nedarvet, mens værenskærligheden kan intensive-
res og aftage, og med følelsesforladtheden føre
kærligheden ud i ligegyldigheden. Kærligheden
blusser, når den bliver tilført ilt. Men der skal til
stadighed pustes ved, for at den ikke skal dø ud.
Kærligheden brænder ikke af sig selv og er hver-
ken selvantændelig eller selvopholdene. Det er det
udefra kommende oxygen, det andet menneske,
som ilter den. Kan vi da elske os selv som
førsteprioritet? Buddet, som byder os at elske næ-
sten, som vi elsker os selv, har måske uret. Vi kan
ikke elske os selv, da værenskærligheden ikke kan
antændes uden hjælp fra den anden. Buddet bør da
lyde: Du skal elske dig selv, som du elsker næsten,
og næsten elsker dig.

Men buddet kan føles som et bånd og giver ikke kærligheden fri, men binder den enkelte i hungeren efter kontakt. Vi forkrøbles i længslen efter den anden, hvor sms'en, telefonopkaldet og det fysiske møde forløser én og skaber kærlighedens binding, når den elskede gennem sit svar bekræfter den gensidige kærlighed. Men hvad er det, som binder den enkelte til den anden og den anden til den enkelte? Svaret på dette spørgsmål er stadig uklart. Den dragende fornemmelse af den anden samt frastødningen når kærligheden ikke længere binder. Samvittigheden nager og søger at binde kærlighedens bånd, men dens bånd kan ej bindes. Når man denne erkendelse, kan man drage bort henrykt over at være befriet fra skyldfølelsen, men glæden er kun kort, thi kærligheden er som en rutsjetur. Groggy vender man tilbage til start efter mødet med den forliste kærlighed.

Kærligheden fordrer lykke og bortjager tungsindet, som dog aldrig er længere væk, end at det kan kaste sin tunge, mørke dyne over én. Dette er kærlighedens vilkår. Lykke og ulykke. Man kan derfor ikke isolere sig for at undgå at blive såret, thi isolationen eroderer selvkærligheden.

Kærlighedsbuddet må på den baggrund fordre et I-selv frem for et dig-selv. Man bliver kun den, man er, ved at se sig selv i næstens spejlbillede. Uden den anden er man ingenting. Men processen er ikke at gå fra et jeg til et vi, da det vil fordærve det ene kød. Processen er at lære at respektere hinanden som to autonome individer, der har mødt hinanden på livets vej. Det må dog ikke glemmes, at den elskedes tårer på kinden er som glaskår på sjælen. Tårerne triller måske i glæde, eller måske de triller i sorg. De skærer i én, som de triller, enten for at blande blod eller for at lave et brud, der måske kan bindes ind og med tiden heler, eller som måske ikke kan bindes ind, og som aldrig heler. Man siger, at den største af kærlighedens tragedier er, at de elskende ej kan få hinanden, som tragedien bærer vidnesbyrd om. Sideordnet står den komiske tragedie, hvor man elsker en anden, end den man beskuer, men dog formår at holde sig oprejst og leve med smerten og erindringen. Dette er kærlighedens vilkår: Uden det tragiske ingen tragedie og uden jagten på kærlighed ingen væren.

At være i den syvende himmel er øjeblikkets samvær, der momentvis skaber det lykkelige liv. Det guddommelige skal da ses i det fordomsfri fællesskab mellem mennesker, hvor omskrivningen af kærlighedsbuddet skaber det profane gennem kærlighedserklæringen fra den anden. At være i den syvende himmel bliver da synonymt med det at være i den andens kærlighedsfavn, hvor foreningen af kødet er den guddommelige symbiose af menneskelivet. Men tilstanden i den syvende himmel er timelig og den dialektiske proces, som er livets vilkår, kaster os op og ned gennem de forskellige himmelsfærer. Nøjagtigt som vandmolekylet, der henslæber i et uendeligt kredsløb mellem jord og himmel. At fare til himmels bliver da enten at være under kraftig påvirkning af "humør-medicin", hvor rusen stammer fra endorfinernes strømning gennem kroppen, eller himmelfarten er forårsaget af krematoriets røg.

Hvorfor er kærligheden så svær at følge? Man ønsker sig til lykkeland, men at tage den andens hånd og fare i verden ud er dog det sværeste. Rutinerne kan man frigøre sig fra. Men forpligtelsen kan man ikke gøre sig fri af. De eksistentielle valg må ikke overskride grænsefladen mellem eksistensen og livet selv. Livet byder én at opretholde den andens liv Man kan såre og fornedre og selv blive såret og fornedret, men man må aldrig tabe den anden. Ligesom man med rette kan forvente ikke selv at blive tabt. Kærlighedens vej må ikke følges, hvis det medfører tabet af den anden. Vejen vil ende blindt og ikke ved porten til kærlighedens rige. Tilbage er kun retræten af selvransagelsens vej, hvor man tynget af skyld, må gå bodsgang for det offer, man har tabt, da svigens tunge byrde er at svigte den, som elsker.

Kærlighedsforholdets ideal er at lade den anden skinne i vort lys. Men ak! Menneskelivets barske realitet er, at det ligeså vel er fornedrelsen af den anden, som sejrer. Thi i den andens fornedrelse er man den andens domino. I kærlighedens navn man sårer og fornedrer. Men herefter indfinder fortrydelsen over den manglende opfyldelse af kærlighedsforholdets ideal sig, og i samme moment erkendes det, at man besidder det gode, thi uden det gode er man ude af stand til at fortryde. Eksistensvilkåret er, at mennesket ikke kan følge fordringen om kærlighedsforholdets ideal, da man gennem livet vil fornedre og fornedres, da idealet er uopnåeligt.

I det evigt omkransende, ugæstfrie univers er det
eneste menneskelige holdepunkt den omfavnende
og uforbeholdne kærlighed. Den er født med
universet, men som universets modsætning, thi
kærligheden er betinget af det liv, som med univer-
set er skabt ved et tilfælde. Det paradoksale er, at
modsætningen i form af ligegyldigheden er
kærlighedens antitese. I øjeblikket efter altings
begyndelse, må kærligheden samt ligegyldigheden
være skabt. Ligegyldigheden fordrer kærligheden,
som mørket fordrer lyset, og det onde fordrer det
gode. Hadet og kærligheden er tesen, der er veksel-
virkningen mellem én selv og den anden.
Ligegyldigheden er begges antitese. Men syntesen,
som idealtilstanden må være, indfinder sig aldrig,
da menneskelivet udfolder sig i et had-kærligheds-
forhold i vekselvirkning med ligegyldigheden.

For at skabe en bevægelse dybere ind i kærlighe-
den må en inddeling af menneskets væsen
præsenteres. Mennesket kan inddeles i tre katego-
rier: fornuft, følelser og kropslighed med hvert
stadie virkende både uafhængigt og medspillende.
Interessant er det derfor at iagttage, hvorledes
kærligheden udfolder sig inden for forelagte

kategorisering, som hver beskriver intimitetens treenighed: det erotiske, det erogene og det seksuelle. Med alle tre kategorier i aktion, virker registeret optimalt, mens det gøres halt med den ene eller to af kategoriernes suspension for at slukkes helt med den tredje. På fornuftsplanet rationaliseres kærligheden ved den fortrolige samtale, hvor den levende vekselvirkning fra begges læber skaber kærligheden gennem ordenes udtalelse. Denne samtalende kategori bygger på et forhold af intellektuel ligeværd modsat de to andre kategorier, der kan bedrives uharmonisk uden som sådan at have betydning for kærligheden. Følelsesregisteret virker irrationelt, og forelskelsens rus kan lamme én i sådan en grad, at resten af registeret suspenderes. Man er i lykkeland, hvorfra man ikke ønsker at returnere, men med de kemiske processers foranderlighed er man dog uden mulighed for at undslå sig denne returnering. Kroppen er én stor erogen zone, og berøringen med den efterfølgende aktivering af sensorerne på hudens overflade giver en fornemmelse af velvære, som man spontant får lyst til at gengælde. Fingrenes vandring på overfladen sender elektriske bølger gennem hele registeret og opløfter én, hvor ophobningen af energi først udløses ved den seksuelle akts klimaks. For at kærligheden har sine ypperligste betingelser i det intime forhold, skal alle tre kategorier være aktive, for at registeret virker optimalt. Hvis den ene kategori eller to af kategorierne suspenderes i en kortere perioder, kan kærligheden sagtens overleve. Den vil dog aftage ganske sagte, for med den tredje kategori at slukkes helt.

Men registeret er ikke perfekt. Fordi man ikke kan se, høre, føle og smage det, er det ikke ensbetydende med, at det ikke eksisterer. Og selv om man kan se, høre, føle og smage det, så foreligger muligheden, at det man ser, hører, føler og smager ikke er, som det fremstår. Dets idé er hinsides sansernes skyggetilværelse. Sandheden synes ikke-sansbar, og dermed ikke-erkendelig for mennesket, men det er måske fordi, mennesket bliver manipuleret af sine sanser. Himlen er jo kun blå, fordi mennesket ser den som blå.

Egoismen spiller en central rolle, når man vil den anden, og den anden vil én. Ikke som udnyttelse, men fordi man inderligt vil den anden. Thi det at røre og blive rørt er en gensidig dobbeltsansning, der fordres af returneringen, da man ikke kan røre den anden i ægte hengivenhed uden ønsket om selv at blive rørt. Ligeledes er at glæde og at glædes dobbeltfølelser med det skjulte ønske om returnering. Tilfredsstillesen af den anden udspringer af egennytte, hvor motivet er gengældelse. Men for at få noget gengældt, må der gives noget godt, som kun er godt, hvis det gives i ægte hengivenhed.

I kærlighedens afsavn risikerer mennesket at sidde tilbage i ensomhed. I glædens eller sørgmodighedens stund kan ensomheden føles, hvis man ingen har at dele sine tanker med. Det meste af tiden må man gruble med sig selv. Ensomheden kommer over én, og man bliver ked og selvmedlidende. Intet nytter det at rette fokus på omgivelserne, da de ikke kan ophæve ensomheden, thi den er indlejret i én selv. Ensomheden fylder det hele, man kan ikke være i sig selv, og pludseligt kan man ikke vente med at bevæge sig ned i det nærmeste supermarked for at udveksle høfligheder med ekspedienten og mærke tosomheden i et kort moment. Man returnerer til hjemmet efter besøget i supermarkedet og sidder atter i stearinlysets skær, hvor det eneste kompagni er skyggerne på væggen og ensomheden, som kommer over én igen. For den er sin sag at bortjage.

Ligeså er det med farvellet. Det sværeste ord, som bryder båndet. Måske er farvellet for stedse. Måske ikke. Men altid for stedse i nuet pga. sansningens kraftfuldhed. Inden springet er man i ensomhedens vold, for springet må man tage alene. Man begiver sig bort, men ved ikke, hvem som følger én, eller hvem, som venter på den anden side. Man føler sig ensom som alle dem, der har gjort springet før, og som også har følt sig som det ensomste menneske i verden. Men springet ud af det satte er et spring ind i den ukendte frihed. I springet kan man kun sætte sin lid til, at den anden griber én. Springet fortages alene i frygt og bæven, men håbet binder sig til den andens kærlige hånd, der dulmer den angst, som har ført én til valpladsen ved afgrundens rand. Længslen efter kærlighed rykker i det indre. Tag springet, selvom det synes som et ryk bagud! Men som heldigvis kun synes som et ryk tilbage, for den, som springer i kærlighed, springer kun fremad. Kærlighed gør blind, og den, der springer, springer blændet af kærlighed. Ethvert spring rummer muligheden for at lande forkert, men aldrig muligheden for om spring, hvilket betinger fremadrettetheden som vilkår, hvis man altså tør springe. Og husk, at vankelmodet ikke opvejer et ikke-valg!

Det er ganske svært for den enkelte at give sig i kærlighedens vold uden skelen til hverdagslivets forpligtelser og trivialiteter. Man længes efter kærlighed, men springet, som man ikke vover at tage, kan være en uoverstigelig forhindring, der kun hidbringer længslen efter det, som vi ikke tør give os hen til. Men hvis kærligheden er størst af alt, hvorfor er legitimiteten så lidet overbevisende over for vort moralske jeg? Er kærligheden da selvisk? Man må gøre sig klart, at et spring ind i noget også er et spring fra noget, hvorfor man uundgåeligt lader noget tilbage. Så længe medmennesket ikke lades tilbage i ligegyldighed, retfærdiggør kærlighedsspringet dog sig selv. Men man ønsker ikke at såre den anden, hvilket holder én tilbage i længslens greb.

Jeg elsker dig er nemt at sige, men svært at gøre. Derfor bliver det som oftest ved tanken, ordet og smerten i brystet, når kærligheden giver sig til kende i skikkelse af den anden med adskillelse af en afgrundsdyb kløft. På den anden side af kløften venter kærligheden. Men i fortvivlelsen over at man ikke tør springe, giver man sig til at opdigte fordækte historier, der søger at retfærdiggøre springets udeblivelse. Og det letteste er at rette skytset mod den, man elsker højest. Hvis man ikke kan vise sin kærlighed ved at springe, kan man lige så godt fornedre. Vi tilfredsstilles af den andens uforbeholdende begær, hvor man kan lappe løs af den andens fortvivlelse, hvilket kan få kærlighedsdramaet til at ende i en tragedie. I følelsernes vold er døden en mulighed som konsekvens af den fatale strid, som indebær muligheden for det absolutte offer, hvis ikke opnåelsen af den andens ligeværdige kærlighed fuldbyrdes. Anerkendelseskampens dialektik indfinder sig i alle akter af det klassiske kærlighedsdramadrama, og den ophører først i det øjeblik, hvor springet ind i kærlighedssyntesen tages. Men hvor anerkendelseskampen ender i et drama, som udmønter sig i den enes underkastelse eller undergang, så rummer kærlighedsdramaet muligheden for at springe i kærlighedens ubetingede, uvurderlige, frelsende favn, hvilket man skal minde sig selv om, når valget er sværest.

Men springet væk fra det trygge og nære synes sværere, jo længere tiden strækkes ud. Men fortiden er nuet uvedkommende, da man altid har serveretten, når der tales i præsens. I øjeblikkets møde med næsten vaskes tavlen ren, og man kan vælge at tage fordringen på sig, men aldrig fordre når der tales i præteritum eller futurum. Man bliver magelig, og med rumpen velplaceret i lænestolen er tilløbet til springet ikke det bedste. Langt lettere er det i ungdommens fortvivlelse at stavre alene hen til kanten for kejtet at tumle sig ud i dybet. I voksenlivet hives og flås der i én, så man begynder at tvivle på, om valget er det rigtige. Des vigtigere bliver det også at foretage et fysisk spring, for afstanden vil løsne de bånd, der snærer om hjertet. Derfor er udenlandsrejsen til fjerne himmelstrøg dét fysiske spring, som kan forløse det følelsesmæssige, da den, som har betrådt verdens vidder, qua sin berejsthed kan fortælle, at sindet åbner sig på en ganske ny måde, når man kommer til fremmede steder. I søgningen efter ens egen eksistens kan man blive ganske overrasket, da lyset har det med at overraske os hinsides øjets horisont. At rejse er at gennemleve en erkendelsesproces, der blotlægger den allestedsnærværende kærlighed.

Vort sanseregister er skærpet, så man kommer helskindet gennem verdens kringelkroge. Denne særlige tilstand gør én i stand til at opfange og indleve sig i den kærlighed, der omkranser én. Men er man ikke modtagelig, sanser man den ikke uanset nærheden. Derfor er udlandsrejsens stimuli kærlighedens åbenbaringsgave. Skridtet ud i det ukendte er selvopholdelsens prøvelse, som barndommens dannelsesrejse har søgt at klargøre én til. Således forlader tumlingen den spæde tilværelse i moderens favn for at begive sig på opdagelse i de nære omgivelser, som udvider sig i takt med den naturlige udvikling, indtil vi står ved barndomslandets grænse, hvor livets vidder er skjult af tågen. Med håbet om at livet finder sit fæste i et nyt og bedre rige, er det den enkelte forundt at vove sig ud i det ukendte og følge den vej, hvor man kan gøre den største forskel for andre end sig selv. Her vil glæden møde én tifold på livets vandring! Man ranker ryggen og forsoner sig med sit gamle jeg. Man er blevet den, man er. Derefter rejser man sig, vender sig rundt, stirrer sig selv ind i øjnene og konfronterer sig selv, som den man var, og den man er. Husk, at der vil være modstand, ulykkelighed og fortvivlelse på livets vej, og hver dag har sine bekymringer! Men det skal ej tages for nært, da livet også rummer omsorg, lykke og glæde. Livets bølgedal er pessimismen, der venter på optimismen bølgeridt. Snart er det havblik. Snart skummer bølgerne tænderskærende. Sådan er livet. Livets prøvelser kan synes uoverstigelige, men bevar modet, og tag dem ej for nært, da intet menneske går usårligt gennem tilværelsen. Det er værd at huske på, at når tilværelsen synes mørkest, så er det kun den, der dykker ned i livets mørke dyb, som bliver et helt menneske. Derfor er sejrherren den, som formår at rejse sig igen og igen, når livet har stået én imod. Lev livet, men husk at have dig selv med hele vejen!

Det lille fosters uforvarende forvildelse ind i verden er den største af alle afmægtigheder. Livet er ikke givet af det gode, og barnet kastes hjælpeløst ind i verden, hvor det etiske ansvar er pålagt modtagerne, men dependent er man allerede i undfangelsens øjeblik, hvor man er blevet tildelt en unik kode, som er det biologiske udgangspunkt for vor evolutionære udvikling. I det øjeblik skabes selvet, som kun lader sig ændre ved manipulation gennem interaktion med omverdenen. I den sociale proces påvirkes selvet af de omstændigheder, man gennemlever. Én har måske fremragende intellektuelle anlæg, men hvis ikke betingelserne for skolegang er til stede, vil disse anlæg forblive uudviklede. Én har måske selvdestruktive kræfter indlejret i sig, men kærligheden fra den anden gør, at selvdestruktionen aldrig detoneres. Selvet er da kernefaktoren, der bestemmer den potentielle ramme for udfoldelsen, men interaktionen med omgivelserne, og faktummet at mennesket er interdependent, er uforudsigelige faktorer, der umuliggør en forudsigelse af valget.

Mennesket kan ikke undslå sig fællesskabet, der er afhængigt af det interdependente forholds etiske ukrænkelighed, som fortidige, nutidige og fremtidige generationer forudsættes af. Fællesskabets pligt over for individet er fællesskabets anerkendelse af individet som autonomt. Individets forpligtelse over for fællesskabet er respekten for de almengyldige love.

At elske sin næste må indebære, at man giver den kærlighed, man besidder, når porten til kærlighedens rige er åbnet af den anden. Den gådefulde, interdependente kærlighed opstår i mødet med næsten. Man kan ikke elske sig selv, men er fra fødslen disponibel over for modtagelsen af den andens kærlighed, der antænder vort indre kærlighedsblusel. Men uden antændelse vil hjertet forblive koldt, og man bliver kun dependent i forhold til selvets overlevelsestrang. Dette bliver den enkeltes erfaring over, at det mægtigste i livet altid udgår fra den anden og følgelig ikke er noget, man selv udvikler, eller selv kan udviske.

I ethvert forhold følger forpligtelsen over for den anden som menneske. Ved modtagelsen af livet forpligter man sig på at opretholde medmennesket, så hun ikke går til grunde. I fortiden, nutiden og fremtiden er man forpligtet på den anden. I forhold til fortiden er man forpligtet på dem, som har ført én gennem barndommen, og som nu i alderdommen har behov for hjælp. I fremtiden er man forpligtet på dem, som endnu ikke er født, men hvis fremtidige liv er afhængigt af nutidens dispositioner. Et sår i nuet kan på sigt blive et banesår.

I kaldet på mandsmodet, må man vove sig selv, men aldrig vove den anden, thi da trodser man buddet og står tilbage som burgøjseren, der tabte sin næste. Men retfærdigvis må der indskrives en skelnen mellem liv og eksistens. Livet er ukrænkeligt, men eksistensen vedrører både det gode og onde, hvorfor de begge er uundværlige som eksistentielle vilkår. Angst, sorg, skyld og tab er vilkår, man må gennemleve for at blive menneske. I eksistensens mest dramatiske øjeblikke er selve livet på spil. Når disse dramaer overmander én, er det svært at huske på, at der altid er en anden, som er villig til at holde hånden under én, hvis faldet bliver for dybt. Men falde må man, for faldet kan eksistensen ikke fravige sig, og det uanset om man springer bevidst eller tumler hovedkulds ud over kanten. Livets eksistentielle vilkår er, at det bedste afsæt ikke altid er et godt fodfæste. Og kærligheden kan heller ej undslå sig livets vilkår, derfor er den nogle gange ulykkelig, og man må umyndiggøre sig fra alle bindinger ved enten at springe eller styrte i afgrunden, hvor umyndiggørelsen fra selve livet bliver den ultimative forløsning, for trods den andens hånd er intet menneske stærkere end sig selv.

Tillid binder alle mellemmenneskelige relationer sammen. Uden tillid vil samfund store som små ej bestå. Tillid udspiller sig i gensidighed, derfor er den svær at mønstre, når man skal sætte lid til den anden, hvilket kræver indsigt i den andens holdbarhed. Barmhjertigheden står sin prøve, når den anden efter et uvenskab rækker hånden frem i forsoning. Afvisningen er værre end uvenskabet, da den anden i sin blottelse såres, og venskabet står som uopretteligt, men her vejrer hensynet til den andens ret til at afvise tungest. Forurettelsen lader sig ikke altid tilgive.

Et interessant spørgsmål rejser sig i forhold til venskabet og den intime relation. Man er forpligtet på den anden, men den intime akt rummer også forførelsens aspekt, hvor der ikke spilles med åbne kort. Men som i et hvilket som helst andet interdependent forhold forpligter man sig kun til at opretholde livet for den anden, der grundet sin livssituation ikke magter selvopholdelsen. Så længe legen ikke leder den anden til graven, kan forførelsen forsvares. Sex er begærets mest intense lidenskab, som man ikke kan kontrollere. Først henkaster man sig i den andens hengivenhed, for

herefter at konsummere den anden i grådighed,
hvor begærets fuldbyrdelse er konsumtionen af den
anden med mætheden som begærets ophævelse.
Men det mest komplicerede og fordækte i venska-
bet er ikke den seksuelle akt, men derimod
forførelsens manipulerende spil. De skjulte moti-
ver, der drives af begæret, er undergravende for det
på overfladen dybe venskab, som bunder i ønsket
om opnåelsen af noget andet, hvorfor oprigtighe-
den korrumperes.

Man kan ikke fornægte sit seksuelle væsen, og hvis
man gør, må man leve sit liv på en manipulerende
løgn, der i et mislykket forsøg på at holde den
moralske fane højt, krænker den andens tillid.
Kødets lyster, kroppens safter og den dampende
sved er udadrettet. Langt lettere er det at bære den
smertelige forelskelse i hjertet og holde den forfø-
rende samtale på dydens smalle sti. Den forbudte,
gensidige kærlighed er svær at bære. Både skjules
og vises den skal. Skjules for at holde fordømmel-
sen ude og vises for at lukke kærligheden ind. Den
forbudte forelskelses tragedie er, at kærlighedens
hengivelse til den anden aldrig kan ske i ubetinget
overgivelse, thi tabuet og frygten for fordømmelse

er større bjerge at bestige end kærlighedens top.
Men det forbudte har hjemme i vort dunkle indre,
hvor det slumrende venter på at blive vakt til live.
Stærkest er de tanker, som ikke kan udleves. Ikke
på grund af manglen på ord, men på grund af fryg-
ten for fordømmelse, da kokkens datter nødigt skal
eksponeres i vort lys.

Mennesket er dømt til at være fortvivlet og delt i to
mellem på den ene side det nødvendige, det man
skal, den man er i sit liv, og på den anden side det
mulige, det man kan, den man kunne være. Sjæl-
dent tænkes der over, at identitetskriser også kan
opstå på baggrund af, at man udmærket er klar
over, hvem man er. Når livets port til de dybeste
hemmeligheder åbenbares, og man bævende ind-
ser, at man er en anden, end man indbildte sig at
være. Arvesynden er naturbunden og sat før val-
gets mulighed. Som fosteret til moderen og barnet
til familien, men aldrig omvendt, thi angsten min-
der i præpuberteten én om, at valget eksisterer, og
skæbnen separeres fra den enkelte for altid. Den
hurtigt zappende overfladiskhed opsluges udi
tilværelsens mørke, når det æstetiske kick ikke
længere lader sig tilfredsstille. Det ubevidste valg

skaber bevægelsen mod noget andet, før man bevidstgøres om dette, hvorfor overraskelsen bliver desto smerteligere, når man erkender, at man ikke længere er den, eller er der, hvor man bildte sig ind at være. Det ubevidst er en mekanisme, der dybt i vort indre leder den enkelte på vej ved at overtage navigationen, når filtreringen af sindets bekymringer ikke længere muliggør et frirum for valgets afgørelse. På samme vis som underbevidstheden ubemærket fører bilen for os, mens vi grubler og bagefter ikke kan erindre vejens forløb. Valget er truffet for længst, men man bilder sig ind, at valget stadigt er åbent for afgørelse, selvom valget er irreversibelt, hvad enten det er taget bevidst eller ubevidst. Al returnering er umuliggjort qua valgets absoluthed. Med valgets afgørelse starter en ny tid, og vejen tilbage lukkes for altid. Når det er sværest, skal man huske på, at den, som vælger sig selv og affinder sig med valget, finder roen. Skæbnen viser ikke vejen, men indfinder sig på baggrund af vore valg.

At kæmpe for det største ingenting i verden er eksistensens mareridt nummer to. Nummer ét er ikke at kæmpe. Tidens længde taler for et ikke-valg. Ikke som en retræte, men som et udslag af fornuftens kyndige beslutning, der tilråder ikke at vælge. Ubeslutsomheden bliver da det tidlige vidnesbyrd om, at valget er truffet, og at man har valgt ikke at handle. Overvindelsen af denne krise sker først i det øjeblik, hvor den virkelighedsfornægtende selvovervurdering bortjages for derefter i indre resignation, at forlige sig med den man er. Ligeledes opstår kriserne i vort omskiftelige og flygtige samfund med større hyppighed end tidligere, da det stationære livs fastholdelse af vor identitet tilhørte en nu hedengang samfundsorden. Identiteten er påvirkelig og udvikles på baggrund af erfaringen og interaktionen med medmennesket, hvilket uomgængeligt fører til opbrud og adskillelse, når man ikke længere er den, man var. Selv ikke omgivelserne kan bedrages, da det, man synes at skjule allerinderst, siver ud gennem kroppens yderste lag, hvor der sker en forening med luftens flygtige ridt, der røber det, som i smug søges skjult. Uanset hvordan de inderste følelser søges tøjlet, vil forholdet til omgivelserne være nervøst, med fare for at man knækkes, eller relationen kortsluttes. Flugten fra sig selv er en umulighed, da flugten fra det indvortes er som at flygte fra sin skygge, der ikke gør andet væsen af sig end at minde én om tilværelsens skyggesider. Kun den, som forliger sig med følelsen, kan genoprette sit indre og ydre univers, ved at blive den man er, eller forblive den man er. Husk, at den, som taber sig selv, er i en eksistenskrise, den, som er fortabt, taber eksistensen, den, som har tabt, taber livet!

Som repræsentationsform er billedet afhængigt af synet, hvor billeder i erindringsverdenen og længslen efter det forgangne ved uroen i kroppen bibeholder forbindelsen til den fysiske verden qua italesættelsen, der livagtiggør det, som synet engang har fotograferet. Men billedet er et glansbillede, der ikke udtrykker erindringen, som den var, men som erindringen fremstår i nuet, og frembringer længslen efter det dejlige og den ene. Man kan længes i et sekund, et minut, en time, et døgn, en uge, en måned, et år, men tiden er relativ, hvilket gør erindringen til en sand plage, som kan sammenlignes med den bratte opvågning fra den behagelige drøm, hvor man febrilsk søger søvnen for blot med tristhed at konstatere, at drømmen er pist borte.

Vor søgen på sandheden er retrospektiv, da det er tilværelsens eneste faste holdepunkt. Muligheden og forventningen tilintetgøres med valgets afgørelse, hvor nuet på et øjeblik bliver præteritum. Fremtiden er uvis og fortiden måske ubekvem, men livsvilkårene på godt og ondt er tilværelsens eneste pålidelige vidnesbyrd. Med erindringen lever man sit liv i forgangne tider, hvor tanken fører én tilbage til historiens tragiske og glædelige dramaer og skaber nærværet med fortiden i nuet. Erindringen er længslens forsøg på at vække det evigt forgangne til live. Men trods et glimt i øjet og et smil på læben, så forbliver tilstanden sørgmodig, og minderne forbliver minder, der danser som sindbilleder på nethinden. Men mennesket er et sansende væsen, der brat rives ud af sin drømmende tilværelse, når valget i nuet skal træffes. Thi den, som søger at genleve erindringens nostalgiske billede, møder skuffelsen over, at intet længere er, som det var. Historiens forløb kan ikke bortforklares, den kan kun pyntes på ved erindringens mellemkomst. Drømmen og længslen er den vågne tilstands mareridt, som man ikke har bemyndigelse til at slette fra hukommelsen, thi man drømmer, men man når aldrig drømmeland. Tilbage er kun at leve med det nu forgangne, der langsomt eroderer med menneskeslægtens generationer. Man må leve med smerten qua bundetheden til historiens irreversibilitet. Kun urtiden, der gemmer på erindringens hemmeligheder, er en værre sjælstilstand, da et er at nages over længslen efter det nu forgangne, men værre er det at længes uden at kende årsagen, og erindringen bliver da den vågne tilstands ulidelige plage. Men tiden er livets smertelindring. Som dagene går, og når nætterne ikke synes nær så lange, så erfarer man, at man har gennemlevet endnu en prøvelse.

Ønsket om gentagelsen er ønsket om en rekonstruktion af det kendte, dejlige, oplivende, uerstattelige øjeblik. De gyldne tider mindes, men lige så vigtigt er det at erobre nye uforglemmelige øjeblikke. Gentagelsen kommer ikke igen, det kan man begræde, men man er fri til at gå ud og sanse nye øjeblikke. De er derude og dukker pludselig op iblandt, hvis vi lader verden komme tæt nok på. På vers synges der om "barndommens land og tidens mælketand", og der synges som oftest i den voksnes land hvor sørgmodigheden får én til at søge tilbage til barndommens glædelige momenter. Barndomserindringen kan aldrig genskabes, men den følger én i nuet og har fundet sin egen plads i voksenalderen. Den fotografiske hukommelse genskaber erindringen, så længe livets lys er tændt, og når de glade barndomsminder spiller deres diasshow på nethinden, indfinder trygheden sig. Kærligheden kan ikke slettes fra hukommelsen, da den er indlejret i menneskelivet fra undfangelsen, hvor moderens omsorg for det liv, som udvikler sig i den voksende mave, er det mest grundlæggende af alle dependente forhold. Herfra udspringer kærlighedens binding, moderkærligheden, som ingen fader kan gøre efter.